오늘 왠지 너랑 한 잔
하고 싶구나

인문학 시인선 018 - 공감과 치유 7집

14인 공동 시집
오늘 왠지 너랑 한 잔 하고 싶구나

제1쇄 인쇄 2024. 7. 20
제1쇄 발행 2024. 7. 25

지은이 '공감과 치유' 동인 고용석 외
엮은이 서울시인협회
펴낸곳 인문학사

등록번호 제 2023-000035
03157 서울시 종로구 종로19(종로1가) 르메이에르 종로타운 1030호
전화 : 02-742-5218

ISBN 979-11-93485-13-2 (03810)

ⓒ인문학사, 2024
Printed in Seoul, Korea

*잘못 만들어진 책은 본사나 구입하신 서점에서 교환하여드립니다.
*이 책은 저작권법에 의해 보호받는 저작물이므로 저작자와 출판사의 서면동의 없이는
 무단 전재와 무단복제를 금합니다.

인문학 시인선 018 – 공감과 치유 7집

14인 공동 시집

오늘 왠지 너랑 한 잔 하고 싶구나

'공감과 치유' 동인 고용석 외
서울시인협회 엮음

인문학사

독자에게

공감과 치유 7집을 펴내면서

시인들은 나 자신을 위해 시를 쓰는 경우가 많습니다.
하지만 나 자신을 위해 쓴 시 중에는 다른 사람이 읽어도
공감이 가는 내용의 시도 꽤 많습니다. 그런 시를 가리켜
우리는 훌륭한 시라고 부르기도 합니다.

"그동안 힘들었지?" 이 단순한 한 마디가 힘을 줄 수도
있습니다. 이 말에 이어 "괜찮을 거야" "잘 될 거야"를
곁들이면 이 말이 무책임한 듯해 보이는 낙관적 언어라고
해도 용기를 얻는 사람이 있다면 금보다도 가치 있는
말(시)입니다.

'공감과 치유' 동인지를 펴내는 일도 그런 한 마디를
실천하는 일인지도 모릅니다. 한 번도 만난 적이 없는
독자들을 향해, 그들의 '힘듦을 인정하는 것'이라고 말하고
있기 때문입니다.

열네 명의 시인이 참가한 '공감과 치유' 7집
동인지에는, "나도 힘들지만 내 이웃의 다른 사람들도
힘들어하는구나"라는 메시지가 담겨 있습니다. 따라서
"힘들었겠다"는 응원의 말처럼 뭉근하게 독자들을 토닥여
주고 싶습니다.

마음으로 손을 잡아드리는 동인 시집입니다.
꽉 닫힌 문을 노크하는 신호입니다.
힘들고 고단한 손을 들어주고 동행하겠다는 암시입니다.
손잡는 일은 시인이 독자에게 할 수 있는 가장 다정한
노크입니다.

똑똑똑… 이 노크 소리에 귀를 기울여 주십시오.

      2024년 7월
      엮은이

contents

고용석, 그리운 편지 ─── 10
민들레 홀씨 ─── 12
대한민국 행복뉴스 ─── 13
엄마, 별을 꼭 잡아요 ─── 14
가시 ─── 15
그리움 ─── 16
쐐기 애벌레 ─── 17

김영희, 아파도 살아야지 ─── 19
부고 ─── 20
옷 ─── 21
102호 할아버지 ─── 22
마취 당한 일상 ─── 23
초점이 맞지 않은 사진 ─── 24
태희 ─── 25

김정필, 가시나무와 새 ─── 27
등꽃이 흔들릴 때 ─── 28
새벽은 온다 ─── 29
기억의 조각을 맞추며 ─── 30
그대 아픔 흘러가라 ─── 31
가족이 뭐길래 ─── 32
조건 없는 사랑 ─── 33

김종숙, 왈칵 눈물 ─── 35
우리 순풍에 돛단배처럼 살자 ─── 36
사랑한다면, 아우라지강 ─── 37
밥 걱정 ─── 38
딸에게 ─── 39
은월마을 은월시인 ─── 40
방금, 유월 ─── 41

은월 김혜숙, 오롯이 사랑하며 살겠습니다 —— 43
모란꽃 생각 —— 44
꽃씨 —— 45
이미 사랑이었다 —— 46
작약꽃 —— 47
찔레꽃이 핀 이유 —— 48
나의 수선화 —— 49

명재신, 꽃눈 —— 51
황사 —— 52
민들레 —— 53
머언 길을 돌아 —— 54
함박꽃을 위하여 —— 55
사는 법 —— 56
이 벼랑에 서서 내가 찾는 것은 —— 57

신남춘, 사랑의 힘 —— 59
탈출 —— 60
누가 나를 —— 61
너를 생각하며 —— 62
진솔한 눈빛 —— 63
토닥, 다시 또닥또닥 —— 64
요즘 어때, 괜찮아? —— 65

윤영돈, 자존심 —— 67
이팝나무 연가 —— 68
방황 —— 69
바람 찬가 —— 70
엔딩 크레디트 —— 71
종이 한 장 차이 —— 72
서로 달라서 좋다 —— 73

이옥주, 어깨에 앉은 꿈 ——— 75
혼자 ——— 76
안전거리 ——— 77
공중전화 ——— 78
오늘은 뭘 하지 ——— 79
다른 걸음 ——— 80
반 잔 ——— 81

이현희, 달개비꽃 ——— 83
일등을 이미 다 해 보았다 ——— 84
사랑이란 ——— 85
꽃망울 터지듯 ——— 86
차부에서 ——— 87
손닿지 않는 가려움 ——— 88
부부 ——— 89

임하초, 휘파람 ——— 91
종각역 ——— 92
포도송이 ——— 93
기차를 타고 ——— 94
노루귀의 사랑 ——— 95
개구리가 등 가렵다고 운다 ——— 96
늙은 어머니의 젖가슴이 가볍다 ——— 97

최유미, 지금 이 순간 ——— 99
숨바꼭질 ——— 100
기도 ——— 101
그저 웃기만 하세요 ——— 102
죽마고우 ——— 103
나를 위한 자장가 ——— 104
조금은 괜찮겠지 ——— 105

한나나, 산 ——— *107*
아버지에게 ——— *108*
선물 ——— *112*
산다는 것은 ——— *113*

홍찬선, 함께 걷는다는 것 ——— *115*
그님이 그리워서 ——— *116*
상대성원리 ——— *117*
덤벙주초처럼 ——— *118*
산다는 것은 ——— *119*
푸바오 떠나던 날 ——— *120*
독일웰치과의원 강기현 원장 ——— *121*

고용석,

'문학미디어' 신인상으로 등단(2013)
시집 『자자를 아시나요』 『양미리』
제1회 자유민주시인상 대상, '월간시' '올해의 시인상' 등 수상
현재 '월간시인' 편집장, 서울시인협회 사무국장
koss54@hanmail.net

그리운 편지

하늘 푸른 날이면
너를 향한 말들이
창가에 뿌리를 내린다
밖을 지나는 이들이 너였다가
아니 낯모를 어떤 이였다가
팔랑거리는 나비처럼
가슴을 흔들어 오는 건
너를 향한 짙은 그리움 때문이다
어제 쓴 편지가
너를 향해 걸어갔다가
다시 돌아오는 동안
나는 밤새워 방을 서성이며
네가 보낼 고운 말을
숨죽여 기다릴 것이다
그리움의 씨앗이
창가에 환하게
꽃 피울 때까지

민들레 홀씨

세상 가장 가벼운 옷차림으로
가진 것, 다 내어주고
바람에 몸 의지하여
허허벌판 내닫는
민들레 홀씨를 본다
햇살 몇 줌
이슬 한 방울이
그대 양식의 전부
우린 왜 싸움박질에 잇속에 절어
버리지 못하고 움켜쥘 줄만 아는지
부끄러움을 모르는 부끄러움이여
메마름을 잊은 메마름이여
비우고 또 비워야
세상은 한결 가벼워지는 것

푸름 물드는 봄날
하냥 들판에 홀로 서서
민들레 홀씨를 본다
희망 하나 가슴에 담는다

대한민국 행복뉴스

9시 행복뉴스를 말씀드립니다
남북의 정상頂上은
한라산과 백두산에서 열기로 한
평화 정상회담을 앞두고
이세룡 시인이 생전生前 제안했던
모든 포탄을 녹여 별을 만드는 작업을
포항제철과 평양제철에 각각 의뢰했다 합니다
그 뉴스에 놀라
남에서는 그동안 이권 싸움으로 세월 보냈던
국회의원들이 제정신이 들어
세비歲費를 반으로 깎고
자전거를 타고 회의에 참석하기로 했으며
북에서는 남한 비디오 시청과 임영웅 콘서트를 허용하는
통 큰 결정을 내렸다 합니다
해외에서는 러시아와 우크라이나가 휴전을 했고
중국은 '하나의 중국'을 포기했다고 합니다
오늘은 교통사고와 화재가
한 건도 없는 기록적인 날이었습니다.
내일은 대한민국 전역이
아주 맑고, 밝은 봄날이겠습니다.
행복뉴스 김 앵커였습니다.

엄마, 볕을 꼭 잡아요

손바닥만 한, 볕이 창가에 머물자
중환자실에 소리 없이 누웠던 엄마가
잠시 머문 볕을 손으로 움켜쥐고
"애야, 따스한 게 이제 봄인가 봐"했다
나는 뼈마디만 남은 손가락을 감싸 안고
"엄마, 봄이 달아나면 안 되지. 꼭 잡아."
말하고는 뒤돌아 울어 버렸다.
엄마의 구겨진 환자복에 배인 아픈 시간이
견딜 수 없는 가시로 내 몸을 찔러 왔다
구부러져 펴지지 않는 다리
검붉은 혈변을 쏟아 내는 고통에
매일, 날 좀 죽게 해달라고 매달리면서도
봄이 되니 살고 싶다 울먹이는 엄마
하나둘 곁을 떠난 적막한 이 병실에도
봄물 소리 들려오려나
엄마 닮은 연산홍 흐드러지게 피려나
터질 듯한 목울음을 삼킨다.
오늘따라 유달리 볕이 곱다

가시

치매의 아버진 메마른 손으로
나를 붙잡았다
너 보는 게 마지막일 것 같으니
하루만 더 있다 가라고
아버지의 어눌한 목소리가
내 몸 구석구석
가시로 꿈틀거리며 돋아났다

대관령 굽이굽이 오르막길
힘겹게 오르는 차 밖으로
진눈깨비는 하염없이 쏟아지고
눈과 함께 아버지의 밭은기침이
자꾸만 차를 따라와
돋은 가시로 나를 찔렀다

아버지, 이제 그만 집으로 돌아가세요
일흔의 아들, 가시에 너무 아파요
나의 애원에도 아버진
차창에 흩날리는 진눈깨비 되어
자꾸만 보고 싶다 울었다
나는 가시로 돋은 아버지로 아프고

아버진 가시로 돋은 나로 아프고

언제나 몸에 돋은 서로의 가시
뽑아낼 수 있을는지
겨울, 길은 아직도 끝이 없는데

그리움

세차게 두드리는 비에
오징어 한 두름 이고
장에 나간 엄마 걱정에
가슴은 콩콩 뛰는데
지난해 공사판에서 떨어져
하늘에 오른
아빠의 환한 얼굴이
염려말라고
무수한 빗물 문자를
창으로 흘러 보낸다

엄마는 지금
어느 길에 멈춰 있는지
아빠는 하늘 어느 길에서
내려보고 있는지
비는 하염없이 쏟아 내리고

쐐기 애벌레

당신에겐 흉한 털로만 보이나요
내 몸의 얼룩무늬는 또 어떻구요
고치 속에서 비바람 만나
아름다움을 꿈꾼 이야기를
당신이 상상이나 할 수 있을까요
은밀한 성인식을 치를 때
몸을 도려내는 아픔을
숨죽여 지켜본 숲속 나무의
눈길을 당신은 아나요
이 세상 혼자 되는 건 없어요
변하지 않는 건 없어요
꽃을 만나기 위해
몇 번의 허물을 벗고 또 벗어 버리듯
당신도 낡은 생각 버리고
저 어린 것들 가만 지켜봐 주세요
따듯하고, 가만히

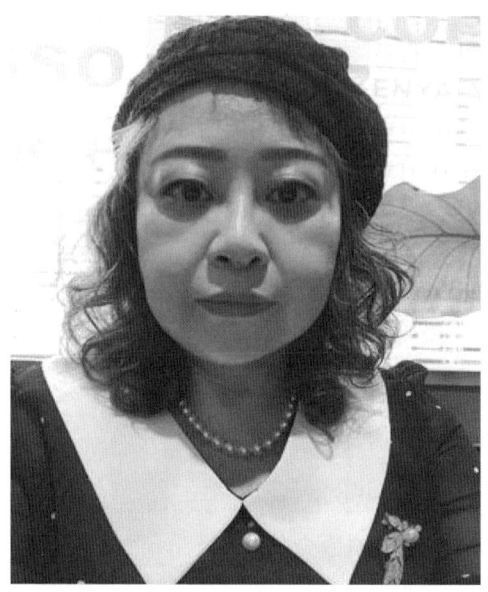

김영희,

월간 '문예사조' 시 부문 등단(1998)
시집 『나는 다시 시동을 켠다』 출간(2020)
'공감과 치유' 동인
현재 '즐거운 책읽기 신나는 글쓰기' 독서지도 교사
블로그 http://blog.naver.com/shadowhee
shadowhee@naver.com

아파도 살아야지

평생을 조기축구로, 운동으로 살던 사람
다리에 힘이 안 들어가고
손가락 하나도 제 마음 같지 않아

두 발로 걸어들어 간 응급실
하루아침에 뇌경색 환자가 돼
어제와 오늘로 나뉘어 버린 삶

갑자기 솟구치는 분노
자신을 잃어버린 공허
인생을 헛살았다는 자책과 허무
그 뒤를 졸졸 따라온 우울이
병이 되어 먹게 된 정신과 약과
마음속 어머니가 남기고 간 십자가

죽음을 생각하다가
아파도 살아야지
힘들다고 다 내려놓을 수는 없잖아

아픔 없이 사는 사람은 누구도 없으니
나만 아픈 거 아니니까 버텨야지

아픔도 어르고 달래가며 지내야지

어느 날, 뜬금없는 부고장을 받고서야
갑자기 삶이 아깝고 고마워지는
참 알 수 없는 생각으로
소심하게 희망을 떠올리는 지금

부고

너의 죽음이 핸드폰 안에 찍혔다

덜컥
핸드폰 액정이 놀라서
나도 덜컥 숨이 멈춘다

순서 없는 죽음
예고 없는 이별이라지만
어제까지 아무 탈 없던 너의 죽음은
자꾸 내 죽음을 예고하려고 들고

유월의 비도 눈물로
담장에 붉게 피어 눈부신 장미도 이별로
소식을 전한다

살았다고 볼 수 없는 인생
부고 한 페이지가
죽음을 건너
살아있는 오늘의 나를 보여 준다

옻

작은 알약 하나 삼키고
먹은 옻닭

알약 하나로는 안 된다며
옻을 탄다

온 몸뚱이가 가려움에 지치고야
받은 처방전

몸에 좋다고 먹은 것이
몸을 괴롭힌 옻

벅벅 덧난 상처를 긁고 긁다가
마음까지 가려워져서

마음에도 처방 연고 바르고
햇살 빗겨나간 그늘에 앉아

가렵고 불편한 것이
오늘의 내 하루 같다고

툴툴거리며
몸도 마음도 하루까지도 긁는다

102호 할아버지

나는 겁나는 게 없어
이미 죽을 날을 받아 뒀거든
자식새끼 먼저 보내고
마누라도 도망가 버렸는데
더 무서울 게 뭐가 있어
덤덤하게 말하는 102호 할아버지

진짜 그럴까
험한 일을 거듭 당하고
그 나이가 되면
삶에 무서움이 없는 것일까

검은 얼룩만 봐도 하늘에 계신 엄마를 먼저 부르고
오만가지 상상으로도 두려움이 자라는데
더 큰 아픔을 겪으면
세상에 두려움이 사라지는 것일까

싫다
나는 더 오래 두려움을 키우며 살련다
사소한 일에도 놀라고, 울고, 웃으련다

죽음, 멀고 먼 곳으로 떠나는 그 알 수 없는 날까지도
무섭다고, 겁난다고
이 땅에 없는 엄마를 부르고
남편에게 요란스레 달려가며

마취 당한 일상
-지숙에게

지지고 볶고 알록이 달록이 살아도
주저앉고 싶을 때가 있는데

남편 없이 세 아이 키우며
염증과 싸우는 병까지 품고
살아야 하는 일은
버티기 일까

젊디젊은 몸은 늘 안달이 나고

여러 번 지우고
다시 치덕거리며 덧칠은 해도
함께 살자 한 약속이 있는데
등 돌리고 바로 끝이라니

감정이 점점 마취라도 당하는지
오히려 덤덤한 일상

오늘도 식탁에서 가시를 고른다
맛난 살점을 입에 넣기 위해서는
살곰살곰 골라야 하는데

새끼들 입에는 살만 골라 먹이며

자기 입안에는 자꾸 걸리는 가시

자식도 가시
외로움도 가시

초점이 맞지 않은 사진

누구나 그럴 수도 있다고

흔들리고 어긋나고 이그러지는
그런 날들이 있듯

그런 사진도 더러 찍히는 게
뭐 대수겠냐고
갤러리 속 사진들을 보다가
웅얼거리는 혼잣말

헝클어진 머리칼을 대하듯
빗을 들고
혼잣말을 빗는다
초점 어긋난 사진도 빗는다

너도 웃어라 나도 치이즈

다시 찰칵

태희

각종 암호를 누른다

무지개다리 건너
그 어디쯤에서 놀고 있을 태희

주파수가 맞으면
무지개다리 몇 번 구역에 있을 너를
만날 수 있을까 해서

사랑했어도 더 부족했고
그리워하면서도 더 아쉬운

보드랍고 말랑하고 똘망한 너를
다시 볼 수만 있다면
눈물 한 방울, 기도 한 줄,
어떤 기호라도 다 가져다 입력할 텐데

이제 절대 똑같을 수 없는 시간이
하루를 만들 뿐

김정필,

계간 '문학사랑' 신인상(2017)
시집 『바람의 뜰』 『시간을 지워도 그리움은 남는다』
junepkim@hanmail.n

가시나무와 새

구름도 흩어버리는 사바나
제 한 몸 살아남기 위해
벗어 던진 옷자락
가시나무로 산다

가시나무새 찾아와
여린 가지 끝에
집 조롱조롱 매달아 놓고
그 언저리 비비며
제 숨소리에도 일렁이는 삶을 산다

노란 날갯짓, 맑은 목청 돋우며
새끼 키워내는 새들에게
헐벗은 몸 내주는 나무
아침이면 구슬 꿰어놓고
밤이면 별꽃 피워
메마른 내 가슴 달래준다

등꽃이 흔들릴 때

얽히고설킨 나무줄기에 핀
연보라 등(藤)꽃은
초롱불 줄줄이 밝혀놓은 등(燈)꽃

흘러가는 대로 살아도
세상은 알 수 없는 요지경
살수록 첩첩산중
꼬불꼬불 꼬인 길

어머니
얽힌 갈피 잡아주시며
하늬바람처럼 속삭이셨지
그대로 놓아두면 저절로 풀린다고

해묵은 등걸 뚫고
꽃타래로 늘어나는 그리움
환한 등불 흔들며 다가온다

새벽은 온다

휘청거리던 밤안개 속
속앓이하던 소쩍새 숨겨두고
밤새 지운 제 그림자 찾아
낯선 얼굴로 다가온 산
졸음 겨운 그믐달을 품는다

빛 움터오는 여명의 시간

아픔으로 얼룩진 밤을 보낸 사람들
새벽 별 바라보며
또 다른 하루의 소망을 담는다

뻐꾸기 울음
나무 흔들리는 소리
선림사 나직한 풍경소리

살아 숨 쉬는 모든 소리
가슴에 다 젖어 드는 날
세상 내려놓는 법을 알게 되리라

기억의 조각을 맞추며

기억이 헛바퀴를 돌 때마다
제 궤도를 잃고 출렁거리는 삶
가슴 앓던 흔적도
기쁨의 순간도 지워버리고
신호등 없는 미로 속
출구를 찾지 못하고 있다

그녀는 지금 어디를 헤매고 있을까

시어머니 호된 꾸지람 없는
새소리 가득한 초록 숲길이면 좋겠다
철 안 든 자식 칭얼대지 않는
봄바람 춤추는 꽃길이면 좋겠다

함께한 세월을 나눌 수 없는 슬픔
손을 잡고 숨은 그림 찾아
부서진 기억의 조각들을 줍는다

그대 아픔 흘러가라

우리는 개천 길 오다가다 만난 사이
어쩌다 마주치면 눈인사하는 정도였네
언제던가
식은땀 흘리며 어쩔 줄 몰라 하는
그녀를 벤치까지 부축해준 일이 있었지

오랜만에 만났는데
암 투병 중이라네

험하고 가파른 오 십 고개
고통의 사슬에 묶여
벼랑으로 수십 번도 더 굴렀을
아픔 이겨낸 해맑은 모습
초여름 신록처럼 싱그럽고 풋풋하네
투명한 웃음소리 통통 물장구를 치네

길섶의 풀꽃 세며 걷는 길
오늘 이야기 개울물 따라 흘러가네
그대 아픔 함께 흘러가라

가족이 뭐길래

노숙의 흔적이 어지러운 의자 모서리
펼쳐진 신문지 펄럭거리고
빈 소주병에
반쯤 먹다 만 빵조각
구겨진 천 원짜리 한 장
동전 몇 개가 달빛에 반짝인다

실직, 이혼, 가출 등 불길한 상상만 하는데
벤치에서 웅크리고 잠자던 남자
일어나 선하품 하며
뒤적뒤적 담뱃불을 붙인다
제법 말쑥하다

어둠 속에서
어떤 여자 달려와
뭐라고 툴툴대며 일으켜 세운다

벤치는 퇴근길에 술 한 잔 마시는 단골집인 듯
언제든지 촉수를 더듬어
남편의 행방을 알아내는 아내
그 허물 다 품는구나

조건 없는 사랑

사춘기 아들의 말썽에 지친 엄마가 물었다
승부도 나지 않는 힘겨루기를 한다면서

자식이라도 무조건 사랑은 어려워요
어떡하면 좋죠?

그런데 엄마는 끝까지 기다리고, 참고…
게다가 져야 하고 무조건 사랑해야 한 대
엄마니까

공감이 가장 큰 답인 줄 알면서도
하나 마나 뻔한 답을 하고 말았다
한때 엄마인 걸 억울해하며 수없이 삼키던 그 말을

나를 늘 반성케 했던
장애아를 헌신적으로 돌보는 엄마
남을 위해 아낌없이 희생하는
사람도 많다는 말은 차마 하지 못하고

하나님도 조건을 걸잖아
두드려야 문이 열린다고

김종숙,

'월간시' 제3회 윤동주 신인상으로 등단(2022)
'월간시인'에 포토에세이 연재 중(2024)
macra55@naver.com

왈카 눈물

뉘집이든지 정지 앞에는
묵직한 돌확 하나씩 있었지

설강 위에 덮어놓은 식은 밥 넣고
붉은 고추 득득 갈다가
손으로 뚝뚝 잘린 콩밭 열무가
돌확 안에서 버무려졌어

그것뿐이간디
시암에서 물 한 통 길어 올려 헹군 물로
콩나물국을 끓이면
보리밥 한 그릇에 고추장 한 숟가락으로
감쪽같이 허기를 채우던 시절이었지

돌확에 잠긴 구름을 보니
풋내 나는 열무김치 대신
밤새 몸살 앓으시던 울 엄마
손가락 마디마디에 새우젓이 밴
고춧물 냄새가 홍건하다
돌확에는 고요가 나올 나올

우리 순풍에 돛단배처럼 살자

사는 건 그리움 하나 품고 가는 것이라는데
바람은 하루에 오십 리를 봄을 싣고 달려왔다지

덕수궁 뜰에 들어서니
소풍 왔던 기억이 떠오른다는 너의 이야기
오랜 시간이 통과해 버린 지금
잊은 줄만 알았는데 감춰뒀던 모양이야

뚝뚝 떨어진 눈물은
노란 유채 꽃잎 위에 방울방울 맺히고
길어진 그리움은 정동 길모퉁이를 서성이는데

콧등이 아린 나는
얼룩진 그림자를 물끄러미 바라만 보다가
돌고 돌아 찾아온 봄날의 피사체에 셔터를 누르고
너는 아득한 음악 같은 장면들을 만들어 놓았네

이제 우리 남은 한 줌은 순풍에 돛단배처럼 살자

사랑한다면, 아우라지강

골목마다 관광객이
썰물처럼 빠져나간 아라리촌을 지나
묶여있는 배 한 척이
애잔하게 강줄기를 내려다보고 있을 즈음

강을 사이에 두고
정작, 보고 또 보아도 보고 싶은 두 사람
나긋나긋한 마음을 뺏겨버린 아리고 아린 처녀와
떠날 수밖에 없었던 쓰리고 쓰린 총각은
빗물에 젖어 있었지

어우러진 물길은
사랑을 부르는 동화 속 풍경처럼 느긋하게 흐르고
파우더를 풀어놓은 듯 구름이
아슴아슴 나뭇잎을 뚫고
붉고 얇은 꽃잎 속으로 깊숙이 파고들었어

다시 소나기는 통곡을 하고
그거 알아요?
완전한 이별이 추억을 완성시켜준다는 거
그래서 영원한 청춘인거야
로미오와 줄리엣처럼!

밥 걱정

내가 먼저 세상과 작별한다면
밥 타령하는 우리 집 남자 둘은 어떡하지?
끼니 때 밥은 챙겨 먹을까?
냉장고 안에 가득가득 채워 둬야겠네

식구들 생일, 집안 제사 내가 다 꿰고 있는데
저 남자 둘은 나 아니면 안 되는데
세상 천지에 둘만 남을 건데
기억하며 잘 살아갈까?

거실 문 열어놓고 출근하다 빗방울 떨어지면
핸드폰 꺼내 든 남편 귀에다 대고
창문 닫아주세요 라고 말하곤 했는데

안되겠네
해준 거라곤 밥해주고
집안 제사 기억한 것 밖에 없네

앗 뜨거워!
뚝배기 된장국 넘쳐버렸어
여보, 나 오래오래 살아서 당신 밥 안 굶길게

딸에게

그림자 하나 비추지 않는 밤은
남몰래 어두워졌지

구부정한 늙은 나무가 내려다보며
뿌리내리는 침묵 속의 아픔은
밤의 미간을 찌푸렸다 폈다
감당할 수 없는 여러 날 그리고 새
벽이 왔구나

어느 것 하나 아빠 손 닿지 않은 것
없더라
다시 말하게 하고
다시 움직이게 하고
다시 바라보게 하고

그 공허의 빈자리를 채워주고
당겨주는 건 아빠가 남겨 놓고 간 끈
더 힘들었을 너희들의 움직임

이런 날도 있었지
어떤 밤 손 편지를 들고서

목청 떨리는 소리로 크게 불러 보기
도 했단다

벌써 두해
딸아
내일, 부부가 될 너희 둘이 전혀 낯설
지 않구나
엄마는 너를 떠나보내는 것이 아니고
한 아이가 내 품 안으로 오는 것이
라고

온통 매 순간 사랑은 더 커지고 채워
지는 거라더니
사랑의 맛이란 이런 빛의 맛이라더니

흰빛 비단향꽃무처럼 정결한 내 딸아

은월마을 은월시인

막 씻어온 푸성귀 툭툭 털며 토방에 서서
펄떡펄떡 뛰는 장어 구워 걸지게 한 상 차려놓은
한낮의 손님맞이가 익숙한 날

메타세쿼이아 나무는 허공을 기대고
사람은 나무의 그늘 아래 둘러앉아
막걸리 덕담으로 한가롭다

얼굴만 고운 줄 알았더니
손끝까지 야무진 그녀 어깨에
이파리 하나 내려앉아 쉬었다 간다

울타리 가득 작약 꽃잎 흔들리는 다음 봄날에는
별빛마을에 사는 수정이 불러
봉재산 자락 용천 슈퍼 앞 길 끝에
먼저 가서 기다려야지

앞마당 벚나무와 뒤뜰 앵두나무에

유품처럼 잠금장치해 놓은 그리움은
몰래 자라서 한치나 커 있을테지

백운봉 뻐꾸기 울적마다
검붉은 오디 뚝뚝 떨어지고
벌 나비 그림자 스칠 때마다
매실이 핑그르르

방금, 유월

서걱대는 바람이 울타리에 서서
대문간 사이로 기웃거리며 들여다봅니다

등굣길 한가롭게 언덕을 내려오는 아이들 걸음이
물 위를 걷는 오리처럼
가까워지는 이른 아침
교실에 불이 하나씩 켜졌습니다

방금
그이가
연둣빛 배냇저고리 받쳐 든
분홍꽃 아기를 낳았어요

은월 김혜숙,

'서울문학'으로 등단(2013)
시집 『어쩌자고 꽃』 『끝내 붉음에 젖다』 『아득하고 멀도록』
시전문지 '시마을' 문학상(2017), '국제문학' 문학상(2021)
rio006@hanmail.net

오롯이 사랑하며 살겠습니다

세상에 그 모든 것 중 내 것은 나름 책임지려고 애쓰는데

새는 책임지지 않는 가는 다리로 전깃줄에 앉아
배설물 아무렇지 않게 내던지며 지저귀는 것이고

들짐승은 무지렁이처럼 눈치 보지 않을 뿐
그저 먹거리 노려보며 텃밭을 헤치고 갔다

그런 뒤 허망하던지 속 끓여야 할지를
생각하다 애써 텃밭에 풀을 뽑다 두둑 안에
든 알갱이나 가지에 열린 작물은
오롯이 이미 이 세상 같이라는 것이었으니
서로 나누어야 한다는 것을 알았다

이 모든 것이 어디서 온 것이더냐 하신 그 말씀
태초에 너와 나에게서 이어진 생명을 잇는 공간 아닌가

배냇 속부터 내린 말씀 태초의 주인이
내게 주신 심장 박동 이처럼 잔잔히 아직 뜀도
당신께서 주신 나눔으로 항상 감사하고 삽니다

모란꽃 생각

모란꽃 핀 햇살 가득한 아침

그때의 그리운 사람의

이름을 부르노라니

그 당신이 내가 되었습니다

그때는 어리고 어설퍼

사랑도 잘 받지 못해

가까워도 먼 그리움을 키우면서

모란꽃이 그을릴 때쯤

내 마음은 최대한 꽃보다 더 피었지만

온전치 못한 어색함

사랑도 미덥지 못한 그 순간의 슬픈 기억

모란꽃 피는 계절이 오면

내 마음은 그때처럼

내밀하게 스미는 당신 생각

모란꽃은 내게 긴 풋사랑이고

지금은 끝내야 할 미련한 사랑이겠습니다

꽃씨

오늘 텃밭에
꽃씨는 꽃이 되고자
흙으로 이불을 덮고 꿈꾼다

난 진작에 싱싱한
꽃이었다는 것
꽃을 피우고 향기를 내던
내 청춘에 싱그러웠던 꽃

그런데 지금 봄볕도 질리는
지는 꽃이 되어가고
어느 날 누가 시키지 않아도
흙에 덮여 꽃씨가 되어 꽃이
되려고 꿈꾸게 되겠지

다시 꽃을 피운다면 지금보다
진정성 있는 향기를 가진
세상에서 제일 아름다운 꽃으로
그렇게 살다 다시 꽃씨로 돌아가리

이미 사랑이었다

세상에 사랑을 해보지 않은
사람은 없으니
우리는 어떤 사랑이든 했다

세상 태어나기 전부터
우린 사랑으로 탄생했으며
사랑으로부터 세상에 왔으니

나를 만드신 분 나를 기른 분
나를 기억하는 분들은 다 사랑으로
바라보았고

나도 너도 첫사랑을 가르침을 받았고
나도 너도 첫사랑으로 세상에 지탱했으니
내가 사랑으로 세상에 났으면
당신도 이미 사랑으로 살고
누구도 사랑할 자격 있나니

하물며 네가 바라보는 잡풀도
나도 사랑으로 바라본 적 있었으니

당신은 이미 소중한 사랑
이 세상은 전부 사랑이다
울지 마라 세상아

작약꽃

나 오늘도
모퉁이 카페에 앉아 있습니다

카페 정원 마당에 핀
탐스러운 한 송이를
한 방향으로 바라보면서

사랑은 언제나 붉은 꽃송이
애틋이 피워 내는 일에
대해 생각했습니다

작약꽃이 피는 날은
여름이 오는 소식
그리움도 비처럼 내리는
꽃송이에도 행복함이
그득해서 가만가만한 시간
어딘가에서 들려오는
자갸 자갸 부르는 빗방울에
탐스러운 작약꽃 송이송이
부딪는 간지러운 소리

늦여름 고개 숙이는
꽃송이가 될 때까지
묵묵히 떠 올린 그 한 사람
작약꽃 진 묵직한 그 빈자리

찔레꽃이 핀 이유

찔레꽃이 하얀 날
어머니는 초여름을 맞이하며
모시적삼을 꺼내 씻어 말려
다듬이질을 했다

땅도 나무도 꽃도 세상을 열고
점점 험한 길엔 자기만의 무장을 하고
내가 모르는 일로 분주했다

세상에 첫꽃들이 알록달록 왔다가 가고
초여름을 여는 하얗게 피던 아까시꽃도
그리고 찔레꽃이 가시를 달고 피어날 때
그때 알았다

나의 수선화

아름다운 네가
내게 피어서 내 마음에 빛을 내고
어두운 밤 하루가 천근 무게라도 한 송이
너의 서러운 몸짓 하나여도
세상을 딛고 가는 험한 곳에 웃음으로 가겠다

살면서 누구 때문에 그 어디에
고통과 역경이 찾아와도 우리 꽃피는 순간을
어제나 그제나 내일도 너의 별 닮은 별이야기로
나의 동산에 피고 피어 온갖 생 그 한생 같이하자

잊지 마 잊지 마 끝까지 가는 거다
너는 나의 가슴 꽃이고 나의 피돌기 꽃이다

명재신,

'월간시' 제15회 '추천시인상'으로 등단(2017)
제3시집 『아라비아 사막일기』(2020)
제4시집 『쑥섬 이야기』(2021)
'월간시' '올해의 시인상' 수상(2020)
현재 GS건설 근무
ccw33kr@naver.com

꽃눈

한숨을 쉬다가
문득
그대 향한 그리움

못 잊어
먼 산
초록만 바라는

어질한
시간 또 이렇게 지나고

이젠
건넛산에 어리는
아지랑이
오후

모두 떠나간 시간
위로 날리는

그대 위한
내 마지막 연서

황사

몹쓸 것
이라지만

그래도 궁금하였음을

잊을 만하면
찾아주는
객지 자식 같아

어디
호미 끝에 거는
잡초 뿌리 걷어내듯
지워졌으리

욕 돼지게
퍼부어
동구 밖까지 내치고
돌아서서

훔치는
어미의 눈물처럼

막막한
세상이다.

민들레

그대와
나

만남과
별리를 노래하랴

보내고 이곳에 있느니
떠나서 저곳에 있으리

오가며
양지의 바람이
하
많이도 피웠다

음지의 마음까지
어루는
가문 날 들녘
하루

또 그렇게
건너간다.

머언 길을 돌아

차암 머언 길을 돌아왔다

돌아보면 아득한 땅이여
이젠 돌아가고 싶다
기억하지 못할 길을 돌아

이제야 내 온전한 기억에
내가 머물고 있어 외로운 땅이여

돌아갈 고향이 어디에 있단 말인가
사방은 아이들 고향인 것을
내가 어디로 떠난단 말인가
살아온 땅을 두고 어디로

남으로
서으로
동으로

이제 곧 북으로 떠나겠는가
한해살이 풀들이 무르익어
바람따라 고개를 떨구는

유월이 지척인데.

함박꽃을 위하여

우선은 웃고 볼 일이다
하얗게
그대가 함께 웃을 때까지
커다랗게
한번은 웃고 볼 일이다.

뽀얗게
그대가 함박 웃을 때까지

그제야
세상만사가
나를 향하여 웃고 있으리

잠시 자리를 비운 사이
가리왕산 중턱에서 만난
함박꽃처럼

오늘은 활짝 웃고 볼 일이다.

사는 법

사는 것부터 새로 짚어보라고
하라시면
눈앞이 캄캄합니다.
누군가 새벽부터 밭을 일굽니다

왼쪽엔 파도 소리
오른쪽 산맥은 바람 소리
그리고
괭이질 소리입니다.

간혹 돌멩이에 부딪히는 쇳소리로
잘못 살고 있는 내가
새벽 어둠을 타고 달려온 길이
제대로였던가 되짚어 본들

길 끝에 서서,
꼭 끝을 보아야 하는지요
봄꽃 지나간 구릉에서도
끝을 보면

아직도 끝을 내지 못한

시누대 이파리 아직 시퍼렇습니다.

왠지 중턱에 매달려
이도 저도 아닌 경계로 사는 건지
뒤가 가렵습니다.

이 벼랑에 서서 내가 찾는 것은

일어서야 한다
남새들에 매이느라
감나무 한 그루 심지 못했는가

방심의 한 순간을 버리고
어제와 그제와 그 과거에 놓인
무수한 날의 이력들은 이제
잊어야 한다

(눈을 감으면 어둠이 보입니다
눈을 감으면 죽음에 이르러도
인식하지 못할 어둠이
생이 주관으로 붙일 수 없는 색채로
거기 존재합니다)

일어서야 한다
어제 뿌린 씨앗들
오늘 얼마나 싹을 틔웠는지를 살피러

그 연약의 생명들 또한
인연이니 뿌린 것들 거둘 때까지
챙기러 가야 한다.

세상을 사랑하는 일이다
그것이

신남춘,

월간 '한비문학'(2011)
'월간시' 제5회 '추천시인상'으로 등단(2016)
시집 「풀꽃 향기」 「내 생의 어느 날도 똑같은 날은 없었다」
「비 오는 날의 초상」 외
한비문학상, 대한민국예술대상, 부안문학상,
신아문예작가상, 한용운문학상 등 수상
sncone@hanmail.ne

사랑의 힘

사랑이 번지는 곳
그곳은 언제나
아름다움만 보인다

살다가 보면
잘못도 실수도 좌절까지
삶 속에 끼어들지만

하여, 독(毒)에 취하면
사랑을 잃어버리고
아픔과 고통에 빠지고

마음까지 병인 양
소외감으로 풀 죽어
활력까지 저버린다

생(生)은 어울려 함께 할 때
신은 우리에게 사랑을
복을 베풀어 주신다

힘들다고 내미는 손

꼭 잡아 줄 수 있는 사람
내가 되어 보리

사랑의 힘, 쑥쑥 솟아나
배가 되는 세상 속에서
우리 오래 오래 살아 보리

탈출

하늘은 높고 맑습니다
빌딩으로 꽉 찬 거리는
바람 부는 걸 잊었습니다

오고 가는 사람들 각기
분주한 걸음걸음이
서로 반대의 길을 갑니다

굴레의 틀 속에 갇히고
마음은 마냥 답답하여
머리가 지끈 거립니다

하루 일과를 마친 뒤
온몸이 나른한 귀가 길
쌓인 피로가 무겁습니다

삶의 의욕은 넘치지만
스트레스로 멍드는 마음
차 한 잔으로 씻어냅니다

벗어나고 싶습니다
푸른 초원이 펼쳐진
지평선 너머 자연의 품으로

누가 나를

누가 나를
죄인이라 하는 가

누가 나를
실패자라 하는 가

누가 나를
병든 자라 말 하는 가

위로 할 줄 모르고
품어 안지 못 할 것이면

함부로 말하지 말라
사람의 일이란 모르나니

누가 나를 사랑하고
누가 나를 위로하는 가

곡선에 기대어 서는
나를 누가 손을 잡을까

희망을 꼭 품으면
빛 부신 그날 올 터이니

너를 생각하며

마음 편히 살고 싶다면
남에게 함부로 욕하지 마라
이미 뱉어버린 말들은
찢어 없애 버리라

내 입이 항상 깨끗하고
내 말이 항상 긍정적이면
살아가는 날 동안 내 삶은
마냥 정화淨化가 된다

삶이 아무리 고달플지라도
남 탓을 하지 말고
내 탓을 부르짖으라
세상은 그래야 곱고 평화롭다

하여, 남에게 상처 주는 일
절대로 만들지 말라
조금만 참고 입을 꼭 다물라
존중의 맘, 그 안에 행복도 있다

많이 더 많이 사랑을 하라
내 감정 사랑으로 다스릴 줄을
서슴없이 행하는 소중한 사람
그 사람, 너였으면 좋겠네

진솔한 눈빛

외모를 바꾼다 해서
속마음까지 변할까요
갑자기 친절한 사람
무슨 까닭이 있을까요

솔깃한 감정 속에 빠지면
때로 어려움이 오고 마는
고통의 늪이 있음을
당신은 아시나요

고통을 주지 않고
처지를 이해 할 수 있는
마음 따뜻한 사람은
그 어디에 있을까요

시기 질투 욕망을 모른 채
진솔하게 사는 사람들
그들 눈빛은 어떤 모습이며
바라보는 시선은 어디일까요

하는 일이 안 풀린다고
성급히 포기하면 안돼요
생각을, 행동을 바꿀 때
고뇌를 이기는 힘이 될 테니

토닥, 다시 또닥토닥

조용한 병실 침대에 누워
왜 하필 나야 하는
끓어 오르는 감정 탓에
오만 생각이 주룩 흐른다

병동 창문 밖이 환하다
쏟아지는 햇살이 참 곱다
바람 한 점 없어도 작은 흔들림
푸른 이파리가 살았다고 한다

멍하니 창 너머를 바라만 본다
주사 맞을 시간이다
조금 따끔해요 하는 말에
겁이 나서 부르르 떨었다

주사를 다 놓은 간호사가
내 등을 토닥토닥 하며
곧 좋아 질 거예요 한다
미소천사의 말이 참 달다

내 어릴 적 괜찮아 하면서

나를 끌어안고 토닥거리던
젊은 시절의 어머니 모습을
간호사 얼굴에서 보았다

토닥, 다시 토닥토닥
깊숙이 스며드는 사랑이
나를 전율하는 순간은
푸른 신호가 길다

요즘 어때, 괜찮아?

날씨가 화창하다
밥이나 먹자
친구에게 전화를 한다
왜 갑자기?
그냥
네가 보고 싶어서

어쩌나요
사정이 있다기에
다음을 약속하지만
며칠이 지난 뒤
다시 전화를 하니
연결이 안 된다

무슨 일 있을까
또 걸어도 불통이라
지인에게 소식을 묻자
아, 날 벼락 치는 소리
세상에 없는 사람이라고
슬픔을 내뱉는다

황당하고 허망하다
안부 물어야 할 때를
놓치고 말았다
요즘 어때, 괜?
별일 없기를 바람으로
숙제 하나 더 풀고 있다

윤영돈,

서울대학교 학사, 석사, 박사
'월간시인' 제2회 신인상 당선(2023)
현재 인천대학교 윤리교육과 교수 겸 도서관장
저서 『정신건강과 도덕교육』 등 다수
danielyoun@inu.ac.kr

자존심

일이 되게 하려는 것이지
자존심이 없어서 그런 게 아닙니다

내가 자존심을 내려놓는 것은
단지 일이 되게 하려는 것입니다

그래야 당신도 나도
자존심을 지킬 수 있으니까요

이팝나무 연가

잎새마다 연둣빛 사랑이 가득하고
푸르른 오월의 노래가 살랑거린다

도로변 이팝나무 꽃이 한창인데
보릿고개의 애환이 스멀스멀 피어난다

먹을 게 넘쳐나는 요즈음이야
배부른 것도 고통이라면 고통이겠지

주린 배 부여잡고 벌컥벌컥 들이켜도
배고픈 설움만 빈 바가지 가득 담긴다

보릿고개 오르막길 살 소망 실낱같고
어미의 탄식 소리에 아이들도 따라 운다

눈요기라도 해보라고 새하얀 쌀밥 갓 지어낸
입하 꽃 사랑 노래에 들판의 보리가 익어간다

방황

치기 어린 반항의 몸부림이라도
거룩한 분노와 불의에 항거하는
목소리와 그리 멀지 않은데

순간 욱하는 마음으로 결행한
부모형제 떠나 가출하는 것
출가하는 용기와 그리 멀지 않은데

너를 읽어주지 못한 맹목이여!
널 품어주지 못한 밴댕이 속이여!
왜곡된 시선이 너를 멍지게 했구나!

더는 아프지 않게 더는 다치지 않게
너무 멀리는 가지 마라

바람 찬가

바람 불어 핀 꽃이니
바람 불어 날리는 것
그 아니 좋을 수가

손에 쥔 것 흩어놓고
마음결 타고 스며드니
그 아니 좋을 수가

살다 보면 살다 보면은
바람 한 점에 공든 탑도 무너지니
나는 한 가지 바람이고자

가볍게 가볍게
저 하늘로 비상하니
그 아니 좋을 수가

엔딩 크레디트

봄이 좋아서
봄이면 피어나는 벚꽃

바람에 날리는 너의 마지막이
추억의 스크린에는
엔딩 크레디트로 흐른다

기억할게, 칠흑 같던 그 겨울
인고의 시간 견뎌냈다는 것을

삶의 무대에서
누구나 주인공을 꿈꾼다

지금 네 발걸음이
살얼음 위를 걷고 있을지 몰라
차가운 현실의 칼날도 무대

기대할게, 너의 멋진 피날레
아직은 삶의 페이지가 남아 있으니

종이 한 장 차이

그날은 비바람 몰아치고 해가 뜨기를 반복했다
사람의 심사가 빛과 어둠 사이를 오갔다, 그날은

절대반지를 두고서 스메아골과 골룸이 교차한다
변덕스러운 그날의 날씨처럼 선악도 교차한다

미움의 칼날과 사랑의 칼집이 밀당하던 그날은
진과 퇴의 심사가 오르내렸던 사나운 날이었다

그날처럼 삶엔 흑백 선악 애증 진퇴가 붙어 있다
돌이켜 보면 생사가 종이 한 장 차이가 아니던가

서로 달라서 좋다

도로주행 그녀에게 전수했어도
그녀는 안쪽 차선으로 달리길 좋아하고
나는 바깥쪽 차선으로 달리길 좋아한다

신앙생활 가방끈은 내가 더 긴데
그녀는 신과의 약속을 우선시하고
나는 사람과의 약속을 더 중시한다

아이들 어릴 적 음식을 남길 때면
그녀는 비위가 약해서 버리려 하고
비위가 좋은 나는 음식 남기는 꼴 못 본다

사람 안에 양성성이 공존하겠지만
그녀는 남성성이 발달한 여성이고
나는 여성성이 발달한 남성이다

어려운 일 당할 때에야
서로 달라서 좋은 점을 알게 된다
동시에 넘어지지 않으니 다른 반쪽을 위로한다

이옥주,

'월간시' 제21회 '추천시인상'으로 등단(2018)
시집 『별 헤는 달팽이』 『쓸쓸한 약』 『소나기 지나고 난 자리는 밝다』
동시집 『준혁이와 할머니의 새싹 이야기』
lojoo55@naver.com

어깨에 앉은 꿈

한 낮에 타는 지하철

옆자리 그녀의 머리가
조금씩 넘어 오더니
어깨에 온전히 무게를 얹는다

그녀와 묶여있는 짧은 꿈속에서
코스모스처럼 함께 흔들렸다

흰 도화지에 이야기를 찍으며
우리는 어두워진 어느 역에서
같이 내렸을지도 모른다

느리게 걷는 그림자에 그림자가 이어져
같은 방향으로 걸어갔다

아무런 말도 나누지 않았던 사이
어깨에 앉은 꿈을 갖고 내렸다

혼자

회색 트렁크를 옆에 두고
그녀가 강가 돌계단에 앉아
얼굴을 가린 채 물결을 바라본다

내가 할 수 있는 건
힐끗거리며
그녀 주위를 몇 번 오가는 일

잘려나간 나무둥지에
바람이 태어나고

내가 할 수 있는 건
지나치며 바람이 떠나는 것을
바라보는 일

트렁크 안에는
강물소리
나뭇잎 떨어지는 소리
미처 다하지 못한 말들이 들어 있다

등 위로 햇살이 돋아나서

여행 가방으로 들어간다

안에 있던 바람은 바깥으로 나와
아프지 않은 길을 찾아
여기 쉼표로 머문다

머리 위에는 돌아온 청둥오리 떼들이
검은 점선을 그으며 날고 있다

나는 혼자 걷고 그림자가 부푼다

안전거리

건널목에서 우회전하는 차에 멈칫했다
그는 나를 보았는지
나는 그를 못 보았고
서로의 방향을 몰랐다

도로에 내 안이 발자국이 쌓여간다
오고가는 발걸음이 밀어내고
또 밀어낸다
발자국은 자꾸 깊이 박힌다

당연한 말도 머뭇거리게 된다
서로의 입장이 있겠지만
생각의 안전거리는 어느 만큼일지
가까이 가도
멀어져도

창안에 있는 너와
창밖에 있는 나와

창에 비친 나를 바라보는 햇볕과
닿지 않는 거리에

모르는 이름이 남아 흔들린다

자전거를 타고 가는 아이 등에
나풀거리던
한 뼘이 자라난 여름

공중전화

플라타너스 마른 잎이 거리를 긁고 간다

잎이 아프게 소리를 낸다
바람이 미는 방향으로

공중전화박스에 들어가 수화기를 든다
아무소리도 들리지 않는다

누구에게 어떤 말이라도 듣고 싶지만
위로가 필요한 것은 아니라고 말 한다
수화기를 내려놓으니
이용해주셔서 감사 합니다
맞아 당신을 이용했지
가을을 전하려 했다고 얼버무린다

바람이 나무 주변을 맴돈다
멈춰버린 이름에 갇힌다

아래로 가기 위해 발돋음 하는
잎이 가을을 떨어뜨리고 있다

쌓였던 말이 파고 드는 밤
되는 일과 안 되는 일 사이에 서 있다

오늘은 뭘 하지

마음대로

그래그래

쉴 때도 놀 때도

풀어진 그대로

경쾌하게

팔을 올려 봐

일어서자

뛰어볼까

오늘은 뭘 하지

계획된 건 없어

하늘이 파래 눈물이 났어

아무 것도 보이지 않으면

밖으로 나가 봐

새들의 움직임이

다 보여

다른 걸음

안다고 생각한 것이 실수였습니다

기울어진 각을 계산해 본 적은 없습니다

멀어져 가는 걸음과 걸음 사이
어긋나는 기울기는
점점 벌어져 틈이 지고 맙니다

정해지지 않은 일들은 완성되지 못하고
지워지게 됩니다
서로가 달라서 간결한 질문과
짧은 대답 안에서만 이어지는 오후입니다

지난봄에 심었던 씨앗이
다시 씨앗으로 돌아오고
멀어지는 서로입니다

모르는 만큼의 표정이 다가옵니다
노을에서 끄집어낸 저녁은
밤기차의 창밖과 같습니다

접어놓은 종이에서 낯선 바람이 붑니다

반 잔

전깃줄에 걸친 새벽달

벤치에 남은 소주 반병과 종이컵
누군가의 독백이
밤새 술병 속에 담겨 있다

어둠이 섞인 한 잔의 소란이
바닥에 쏟아진다

빈병과 반병의 차이만큼
비어있는 밤의 눈금으로
소주병에 수평선이 들어있다

지친 말들은
술병으로 들어가 파도가 된다

먼 바다의 일이 잔잔해 지기까지

바람은 버리지 못한 습관으로
열린 술병에 바다를 그려 넣는다

술병이 아침 햇살을 받고 있다

반은 술이고
반은 햇볕이다

이현희,

'월간시인' 신인상으로 등단(2023)
'월간시인' 올해의 시인상 수상(2023)
시집 『그래서 행복하십니까?』(2023)
건설사업관리전문가(CMP)
faincm@naver.com

달개비꽃
-막내 동생을 대신하여 쓰다

닭장 안의 제멋에 겨운 수탉으로
한세월 살다가 물가에서 스러지니
뒤뜰 도랑에서 보았던 너 같구나

어머님이 주신 알몸에 피고 지던
달개비꽃* 같은 한의 옷을 벗고
삼베옷 깃을 여며 벨트를 맨다

발 구르는 대성통곡으로 쓰다듬는
입술 붉게 칠한 해맑은 얼굴 위로
삼베 천 접혀 내려와 어둠에 들고

열렸던 하늘 문이 쾅 하고 닫힐 때
엄마 같은 큰 누나의 만가(輓歌) 소리
하얀 꽃 수북한 칠성판을 적신다

제사상 건너에서 작별 인사하는
형과 누나들 무르팍이 울어대도
나오는 웃음을 참아야 한다

울던 큰 형님
짜식! 웃는 거 봐라
형들 절 받아먹는 게 그리 좋으냐?
그래서인지 이젠 배고프지 않네요

이제 다들 안녕…

*달개비꽃 꽃말 : '짧은 즐거움' '외로운 추억'

일등을 이미 다 해 보았다

살아가는 동안 맞닥뜨리는 수많은 경쟁은 경쟁도 아니고
생명으로 태어나느냐 그냥 버려지느냐가 최고의 경쟁이다

유전자에 우선순위로 새겨져 끊임없이 이어지는 본능으로
우리는 누구나 다 경쟁을 통해서 일등을 한 결과물인
생명을 얻어 이러쿵저러쿵하면서 살아가고 있다

인간 세상에서 경쟁의 결과로 나타나는 모든 일등은
많고 많은 일등 중의 하나일 뿐이다

많은 이들이 선호하는 일등을 내가 하지 못했더라도
일등을 한 존재이기는 마찬가지이므로 자책할 일은 아니다

한번 일등이 영원한 일등인 것은 누구에게나 그렇다
사는 동안 다른 일등을 몇 개 더했다고 해서
그 삶도 일등인 것은 아니고 특별하지도 않다

다 같이 일등을 해 본 경험자들로서
한 번뿐인 내 삶을 당당하게 살아야 하지 않겠는가.

사랑이란

2016년 대학병원에 입원해 있던 어느 날
6인용 병실 옆자리에 새로 들어온 분의 탄식을 듣는다

"나 그만 이제 죽어 버릴까?"

곁을 지키는 부인이 왜 그렇게 약한 말을 하느냐면서
이러고 있어도 난 당신이 좋다고 아이 달래듯 한다

10년 전에 건축가인 남편은 맡은 일에 문제가 생기자
살펴보다가 추락해 목뼈를 다쳐 사지가 마비되었는데
혼자서는 뒤척이지도 못하고 코가 가려워도 긁지 못해서
아내 오기를 기다린다기에 괜한 내 코가 가렵고 찡하다

활동량이 워낙 없어서 수시로 장이 꼬여 입원한다는데
보험도 없어서 사위의 수입에 의존하는 불편까지 견디는
부인의 포기하지 않는 지고지순한 사랑이 눈물겹고
수술 잘 받고 오시라는 인사에 미소 짓는 얼굴이 해맑다

그리고 돌아오지 않았고,
새벽 꿈결에 찾아온 사랑이라는 화두가 잠을 깨운다.

사랑이었다.

꽃망울 터지듯

꽃구경 마치고 전철 타는 무리에
유모차 한 대가 끼어 있다

사람들 북적거려 짜증이 났는지
어린아이가 칭얼칭얼 울어대고
젊은 아빠는 귀가 발개져 붙잡고 있다

탓 소리, 욕 소리, 거짓소리 제발 좀
그만하라고 하다가 진짜로 안 하면
다시 또 심심해지는 놀부의 심보랄까

짜증 낼 법한 주름 깊은 어른들이
미소를 가득 머금은 짓궂은 얼굴로
유모차를 둘러싸고 들여다본다

그걸 쳐다본 아이가 또 앙! 울음 울고
꽃보다 귀한, 아이의 당찬 울음소리에
관객은 꽃망울 터지듯 웃음을 터트린다

구불구불한 전철은 빠르게 달리고
다음 시대는 당차게 울음 울고
젊은 아빠는 뒤에서 붙잡고

아이도 아빠도 방싯방싯 피우는 웃음꽃.

차부에서

소명약국 앞 장의자에
하행버스를 기다리는 소년이 앉아 있다.

어딘가 다녀오는 사람들이 내리고
버스는 시커먼 매연을 버리고 간다

당선 인사 다니는 길전식 국회의원이
다가와 의기양양하게 손을 내미는데
소년은 바지 주머니에서 손을 꺼내지 않는다

박수를 치다가 뻘쭘해진 동네 아저씨들이
누구냐며 수군대다 아버지 함자가 나와도
악수하라는 눈짓을 해도 꿈쩍하지 않는다

소년이 기다린 것은 국회의원이 아니라
버스에서 내릴 것만 같은 기인이거나
날 어딘가로 데려갈 의인이 아니었을까?

아무리 기다려도 아무도 오지 않는
소명약국 차부에 버스가 멈췄다가 가고
소년은 해가 저물도록 앉아 있었다.

손닿지 않는 가려움

퇴역한 늙은 황소가 막사에서
들녘을 내다보며 되새김질하고
꼬리로 쇠파리 쫓는 느린 오후

직장에 청춘을 다 바친 은퇴자가
석양을 보다가 무얼 생각하는지
가끔 돌멩이 던지는 쭈그린 강둑

하늘 가신 어머니
얼굴 한번 만지고 싶고

못다 한 이름을
소리쳐 부르고 싶고

살다 간 흔적을
하나쯤 남겨야 할 텐데

가렵다

손닿지 않는 굽은 등이
기다린 것처럼 홀로 가렵다

긁지 못하는….

부부

청춘 시절 마음에 품은 연인
한둘이 왜 없었겠는가만
그래도 당신과 이렇게 서 있네요

아이들 낳아서
키우고 가르쳐
세상에 내놓으신 당신

당신이 아니었으면
내가 어찌 여기까지 왔으며
세상에 두 발 딛고 서 있으리오

그 곱던 얼굴에는 주름이 지고
희끗희끗 파 뿌리 된 머리카락
바람결에 쓸어 넘기시는 당신

서산에 피는
노을이 곱다 한들
아무려면 당신만큼 곱겠는가?

이 세상을 둘이 하나 되어 살다가
너 하나, 나 하나만 남더라도
우리 둘이 같이 있었음은 간직하겠소

당신을 사랑합니다.

임하초,

고향 세종시
'월간시' 제9회 '추천시인상'으로 시 등단(2016)
'월간시' 제정 '올해의 시인상' 수상(2018)
시집 「영혼까지 따뜻한 하늘 우러러 보다」 「나는 시소를 타고 있다」
현재 시인문학회 회장
hacho3232@naver.com

휘파람

해바라기 등에 올라선 나팔꽃이
담장 너머 기다렸지 동네 오빠 휘파람
옛길에서 추억하니 설렌다

미루나무 그늘 아래 꿈꾸는 노인과
옹달샘의 흐느낌처럼 맑은 휘파람
추억 속 고요한 풍경이 아름답다

참 맑은 별빛이 뚝뚝 내리던 밤
바람 우는소리처럼 들려온 휘파람
하현달 소소한 푸념이었을 걸

먼뎃불빛 감싸는 도시의 소음은
고향 집 밥 익는 소리 같은 휘파람
어여쁜 그리움 하나 안고 살아낸다

종각역

노량진역 지나면 일어서야 한다
물빛이 저 위까지 바다처럼 찬란한
넓이와 깊이가 남다른
오늘도 한강을 서서 본다

종각역 1번 출구로 나가
시인의 방은 입구부터 막 출간된 새 책이
풀 비린내처럼 오묘한 향기를 풍기며
또렷한 글자의 눈빛과 마주쳐서
다른 희열이 느껴진다

집이 큰 소라게의 버거움처럼
시인의 이름이 민망해도
종각역 전철 다시 올라타면
난 시인이 되어 집으로 간다

한강을 깊숙이 애무하는 노을처럼
새벽까지 속속들이 시집을 애무하고
뜨거운 감정의 똬리가
내 가슴에 포개지는 흥분은
깊이 헤집을수록 저리고 아프다

포도송이

온 몸 부르르 떤다 청량함이 씹어져서
알알이 고르게 빚은 것도 희한한데
바람 냄새 가득해 눈이 커진다

얼만큼 곁을 비켜주며
도드라지도록 얼만큼 기다리며
제 몫의 양보는 얼만큼 했을까

어깨를 맞닿아 서로 응원하며
광풍도 조각 조각
스치는 바람 되어 흐르도록

뜨거운 여름 햇살도 한숨 기세 꺾여
물의 겸손처럼 아래로
아래로 쉬엄수엄 보냈을 거야

서늘한 가을 바람의 배려로
뒤집어 놓은 포도알 떼며
스쳐간 여러 사람 떠오르게 한다

기차를 타고

바람이 따스하게 불어오면
기차를 타고
스치는 차창 밖 풍경 따라
밀려오는 추억 따라 떠난다

새소리 유난히 애달프게 들리는
찻집에 앉아
낯선 바람 가닥가닥 세어보며
바쁘다는 너를 오래 기다렸지

시 한 편 소소하게 읊조릴 때
속눈썹 아래로
눈물을 그렁그렁 달고 바라보던
너의 모습 떠올라 뭉클하구나

빈 찻잔 속 바람은 마시고
그리움은 남긴다
기차역 노을이 저만치 멀어지고
창밖의 흑백 풍경이 평화롭다

노루귀의 사랑

사랑이라는 것은
존중이라는 것은
수고를 먼저 하는 것
너를 지키기 위해 헌신하는 것
온 맘 다해 바람을 막아 주는 것
노루귀의 사랑이다

예쁘다 예쁘다

꽃 예쁘다 할 때
가닥가닥 바람 쪼개어 소리 없이

자신의 품위도 지키는 것

자세히 보아야
오래 보아야 보이는
노루귀꽃 잔털 보인다

시인의 눈에는

꽃보다 아름답다
햇살에 잔털이 빛난다

개구리가 등 가렵다고 운다

송홧가루 날리면
들판에 학처럼 사람들이 가득하고
엄마 냄새 가득한 들판

모내기 고봉 밥보다
엄마 냄새 실컷 맡아 배불러 노래하고
뻐꾸기의 다급한 울음에 살구 떨어지고

뿌린 잘 내린 어린모 장하다고
논바닥 등 긁어주니
개구리 제 등 가렵다고 아버지 잠 깨워도

얇은 비단 자락 덮이듯 안개 내리면
끝없는 정적에
아이는 가끔 마루 끝에서 운다

늙은 어머니의 젖가슴이 가볍다

빵빵한 엄마의 젖가슴은 여기저기 아깝게
흐르고 흐르고 어머니 목숨만큼만 남아 있다

헐렁한 빈 젖이 벽과 벽이 맞닿아
한 숟가락만큼 잔챙이 만져진다

젖꽃판 움킨 손의 말랑함이 첫 경험되고
입안에 꽉 찬 보드라움 따스함이 세상이고

생은 평화와 자유뿐이라는 믿음 가지고
비뚤거나 비굴하지 않게 살아냈지

우주 생성의 임기가 끝난 젖무덤이
촛농처럼 스러져 가벼워도 자식은 안다

그녀의 조수操守한 삶 때문에 이 평화 누린다
어머니의 미련한 생을 이렇게 이어 간다

최유미,

'월간시' 제25회 '추천시인상'으로 등단(2019)
평택명성관세사무소 실장
youandme1346@naver.com
인스타그램 Ainstagram : @youandme.211

지금 이 순간

엄마가
귀여워질 때는
서글픔도 함께 한다
바다 위 모래를
맨발로 걸으며
꿈을 꾼다 말하고
여행을 위한
새 옷을 준비할 때
엄마는
귀여운 어린 소녀인 듯하다
오늘 이 자리
바다가 보이고
커피와 여유로움이 있는
이 시간이
언젠가의 그날에
그리움이 될 거란 걸
알고 있다

숨바꼭질

행복은 마음속에 산다는데
숨바꼭질을 참 잘해
찾으려면 숨고 또 숨어서
흐르는 물처럼 잡히지 않아

그래도 다행인 게
손바닥엔 남아 있잖아
이렇게 사는 이유가 무엇이겠어
다 행복하자고 하는 건데

찾기를 포기한 듯 딴 짓을 하면
숨어있던 행복이
오히려 안달 나서
꼬랑지 슬쩍 보여주려나

모른척하고 산다는 게
참 어렵긴 하다
올 때까지 기다려야 한다는 게
참 외롭긴 하다

기도

살면서 일어나는 많은 일들은
겨우 그것밖에 안될 때도
하늘처럼 끝이 없는 허무함에도
바람이 불어요

살면서 일어나는 많은 일들은
제발 나에게 생기지 않기를 바라는
무게의 무너짐이 있을 때도 있지만
어김없이 꽃이 피는 이유를 생각해 보면
모든 너무 쉬운 일은
소중함을 더하지 못해서 그런가 봐요

시간이 지나면 잊힐 일도
마지막 순간까지 잊히지 못할 일도
우리는 많은 일들을 겪으며 살아가지만
살면서 일어나는 많은 일들이
당신과 나에게 빛과 소금이길
두 손 모아 바라봅니다

그저 웃기만 하세요

꿈에 오시던 아빠는
이제 잘 안 오세요
그곳 생활이 익숙해지신
탓이라 생각해요

내 가슴속에 바닷물이
철렁이다가 이제 좀
잔잔해졌지만
앞머리만 살짝 넘어갈
바람에도 요동칠 때가 있어요

꿈에선 아빠랑 대화가 안돼요
말씀도 안 하시고 웃고만 계셔요
떠나실 때 많이 아프셨냐고
물어보고 싶은데
그저 웃기만 하세요

죽마고우

잘 살고 있니?

먼저 연락 안 한다고
저버릴 인연이 아니기에
새로운 봄이 와도
잘 살겠거니 하며

잘 살고 있냐는 질문에
너무 많은 얘기를 해야 해서
시작조차 못할까 봐
우리 바닷가에서 듣던
음악처럼 환했던
어린 시절만 떠올린단다

경조사나 있어야
당당히 연락하는 우리가
천의 말도 필요 없다는 건 알지만
오늘 왠지
너랑 소주 한 잔 하고 싶구나

나를 위한 자장가

눈을 감으면 보이는 세상
신비한 나만의 꿈
회색 사이로 그린
이름 모를 형태의 모습들
마음속에 따라서 변하는 행복
차곡차곡 가져와 별을 써 별을
내려앉은 심장에
온기 가득한 사랑을
주고 주고 더하여 눈을 감아

지금 난 나에게 난
행복의 주문을 걸어놓아
꿈꾸는 나에게 난
나만의 자장가를 부를 거야
온기 가득한 내 사랑을
온전한 나의 자장가를
꿈을 꾸듯 별을 써 별을
힘겨웠던 오늘은
이제 안녕

조금은 괜찮은지

요즘 어떤지
그냥 그런지
누군가 그리워서
때론 힘든지

요즘 어떤지
아픈 곳은 없는지
먹어야 될 약은
얼마나 늘었는지

그래도
여전히
거울을 보고
뒷모습은 멋진지

비 오는 날
일이 좀 많았다고
손이 떨리기도 하지만
그래도 요즘

조금은
괜찮은지

한나나,

충남 장항 출생
홍익대학교 교육대학원 재학중
'월간시인' 제1회 신인상으로 등단(2023)
월산시 동인
(주)더프랜즈언어심리발달센터 청소년상담사
symother0816@hanmail.net

산

나에게 하고 싶은 얘기가
그대의 가슴에
산처럼 쌓여

내게 글을 쓰는 것을
숙제로 남기셨나 봅니다

숨이 차서 목이 따갑도록
산에 오릅니다

다녀가신 세상은 평안하셨습니까?

아버지에게

1
그대가 방황하고
방랑했던 그때
나는 어쩌면
그대보다 더 많이
방황했을지도 모릅니다

나를 버려두는 것이
최선이었습니까?

2
나는 떠나야 했고
그대도 나처럼
홀로 집을 지켰습니다

배고프고 외로운 것이
노을 붉게 물들이는
고향의 하늘보다
더 진했을까요?

3
떠나왔던 날보다
돌아가는 길이

더 멀어
주춤거리는 세월에
눈을 흘겨 봅니다

다시 간다고
기억이 없어지지는
않을 테지요

4
애써 찾아간 그대에게
또 나는
벌처럼 쏘고
내가 쏘인 것처럼
아리고 아파합니다

무거운 돌덩이 하나쯤
가슴에 올려놓고 나서야
다시 나로 돌아옵니다

5
그대와 다르게 생긴 사람과
결혼하였습니다
왜소하지 않아서

강해보이며
술도 마시지 않습니다

그런데 나는
그대와 닮은 점을
남편에게서 찾아보려고
애를 씁니다

허탕입니다

6
그대의 지갑 속에
어여쁜 내 딸의 사진이
꽂혔습니다

그대는 그렇게
나를 그리워하였나 봅니다

7
밤보다 더 많이
외로우셨을 테지만
지난 세월을 용서하십시오
나도 그대를 용서하여
딸이 됩니다

납골당에 다다라서

그대를 만납니다
대답을 듣고 싶나 봅니다

8
나는 글을 쓰고
마음은 고향에 있고
가진 것이 많지는 않지만
꾸어서 살진 않으니
이만하면 잘 살았습니다

그대가 보고 싶습니다
아버지

선물

아버지 저는 이제
매일 똑같이 피어나는 들에 핀 하루 꽃들이
더 아름답게 보이기 시작했습니다
나와 인연이 된 사람들이 나보다 조금은 더
행복해지길 바라게 되었고
사랑하는 이의 마음에 내가 더 진실하게 닿아
오래도록 기억하게 되길 바라게도 되었습니다
더 정직하게 올곧은 사람다운 사람으로 살며
내 곁에 가까이 있는 사람들을
소중히 여길 줄도 알게 되었습니다
상처로 남겨진 지난 세월을 오월에 날리는 바람에
가볍게 실려보낼 줄도 알게 되었고
더러 남겨진 아픔은 또 아픈 그런대로
그냥 아파하는 한편으로 놔 둘 줄도 알게 되었습니다
아버지 저는
아버지의 세월이 아닌 저의 세월로
조금 더 여기에 머물겠지만
마중도 하지 못했던 아버지의 길이
혼자서만 갈 수 있는 외로운 길이라는 걸
깨달은 후에야 비로소 어른이 되었습니다
저보다 더 일찍 어른이 되었을
가엾은 아버지의 세월에서 딸로 태어나
맘껏 웃어드리지도 못한 철없던 저에게
아버지가 주신 마지막 선물은
어른이었나 봅니다

산다는 것은

오랜만이에요
지나간 흔적이 아름다울 때다

잘 지내시나요
옷깃마저도 스치면 인연이라는데
그 사람이 생각날 때고

식사는 하셨나요
마주 앉아
서로의 삶을 나누고 싶은 사람이
생각날 때다

건강하세요
푸르른 오월의 초록 잎이
여느 때보다 아름답기 그지없고
또렷하지 않은 시선이
자꾸만 연분홍 꽃잎에만 머무르기에
그런 우리더라도
젊은 시절 그 풋풋했던 청춘처럼
눈부신 햇살 한줄기로도 빛날 수 있는
이 봄만 같기를 바라는 거다

안녕하세요
다시 누군가를 사랑하여
마음을 나누고 진심을 이야기하며
커피 한 잔으로도 설렐 수 있는
그런 날을 꿈꾸기도 하며

홍찬선,

충남 아산 출생.
'시세계' 시 등단(2016)
시집 「틈」 「품」 「독도연가」 「서울특별詩1, 2, 3, 4」 「생명과 사랑」 등 18권
소설집 「그해 여름의 하얀 운동화」 등
자유민주시인상 최우수상(2020) 문학세계문학상 소설부문 대상(2020)
서울시인협회상(2023) 수상

함께 걷는다는 것

산다는 건 함께 걷는 것이다
힘든 삶을 홀로 걷는다는 건 외롭고 쓸쓸한 것
서로 하나 되어 걸으며 슬픔을 삭이는 것이다

함께 걷는다는 건 사랑하는 것이다
나란히 손잡고 도란도란 얘기꽃 피우며 꿈을 나누는 것
너와 내가 만나 미움을 즐거움을 만드는 것이다

사랑한다는 건 발을 맞추는 것이다
너무 빠르지도 않고 너무 느리지도 않게 숨을 쉬는 것
함께 참고 더불어 죽음을 삶으로 바꾸는 것이다

발을 맞춘다는 건 소곤소곤 사는 것이다
따뜻한 손 꼭 잡고 어려움을 참고 살피는 것
소곤소곤 사는 것은 한뜻으로 같이 우리로 걷는 것이다

그님이 그리워서

그님이 그리워서 샛별에 새겨두고
한 잔 또 한 잔 따라 그리움을 마셨더니
해님이 혼자 몸달아 잠 못 들고 피더라

그님이 보고파서 한달음에 오르려니
마음만 청춘일 뿐 막걸리에 절은 다리
가슴이 펄떡거리며 천천히 가 울더라

그님이 보고파서 그님이 그리워서
만날 수 없는 님이 베이듯이 그리워서
나날이 쌓여간 아픔 그곳에서 웃더라

상대성원리

오래 참은 봄비가 솔솔솔 오시니
참 기쁘다 행복하다 단비가 꿀맛이다

봄비에 벚꽃이 우수수 떨어지니
참 아프다 울적하다 봄비가 야속하다

봄비 맞으며 막걸리 한 잔 술술술 마시니
우린 참 좋다 웃음이다 이대로 쭉이다

옆집은 오로라 보러 갔단다
그 옆집은 크루즈세계일주 떠났단다…

갑자기 번개 천둥이 몰아쳤다
바뀐 건 오직 마음뿐이었다

덤벙주초처럼

삶은 덤벙주초요
인생은 사람을 그렝이질 한다

못생긴 주춧돌을 다듬지 않고
잘 빠진 금강송을 덤벙주초의 결 따라
어긋나지 않게 저절로 잘 맞추듯

사람을
울퉁불퉁한 삶과 하나 되도록
정성스럽게 꽉 맞추니

땅이 흔들려도 비바람이 몰아쳐도
사람은 삶과 하나로 산다, 죽서루처럼

산다는 것은

산다는 것은 엮이는 것
나와 너와 우리가 한 일로
그물처럼 짜여진다

때로는 엉성하게
때로는 촘촘하게

산다는 것은 풀리는 것
나와 너와 우리가 짠 인연으로
다채롭게 펼쳐진다

때로는 아프게
때로는 기쁘게

산다는 것은 엮이고 풀리는 것
나와 너와 우리가 만든 매듭으로
무지개로 뿌려진다

때로는 원망으로
때로는 사랑으로

푸바오 떠나던 날

떠나는 것이 아픈 게 아니라
떠난 뒤에 네가 맞이할 낯선 삶이 슬픈 것이다

하늘이 눈물 흘린 것이 아니라
우리들 가슴에 비가 촉촉이 내린 것이다

네가 이땅에 온 뒤 저땅으로 갈 때까지 1354일 동안
너는 행복을 주는 보물, 푸바오福寶로서

아픈 사람들에게 위로를 주고
기쁜 사람들에게 사랑을 주었다

네가 떠나던 날 에버랜드가 울음바다 된 건
명실상부名實相符했던 푸바오가 명실상리名實相離로

바뀔 지도 모른다는 걱정이
하늘의 눈물샘을 찌른 것이다

독일웰치과의원 강기현 원장

집안 형편이 어려워
상업고등학교를 다녀야 했던 현실을 원망하지 않았습니다

재수해서 치과대학에 입학한 뒤 아르바이트하며
치과의사 면허를 딴 지 50년, 반백 년이 흘렀습니다

지나온 하루하루가 눈물 아닌 날이 없었지만
지나온 하루하루는 옛말하며 사는 추억덩어리입니다

성심聖心치과를 30년 넘게 하며
군산에서 모르는 사람이 없었을 때
아내와 아들딸이 사는 서울로 이사하려 하자
한 고객이 서울 가면 큰일이 닥칠 것이라며 말렸습니다

양재동에 독일웰치과병원을 크게 차렸는데

생각보다 손님이 적었고 다달이 적자가 불어나
말할 수 없는 고통으로 피골이 상접했고 몸과 마음이 흔들렸습니다

심술꾸러기 운명의 여신은
사랑하던 아내를 췌장암에 가둬 하늘로 데려갔지만
하늘로 소풍 간 아내가 보낸 가족을 위한 기도가
그동안 겪은 아픔을 삭여주었습니다

독일웰치과를 성수동으로 옮기고,
병원을 의원으로 줄여
환자의 마음까지 어루만지며 코로나 광풍을 이겨냈습니다

폭풍우 치던 삶을 느긋한 미소로 가꾼 강기현 원장은
희수喜壽를 지나 미수米壽로 뚜벅뚜벅 나아갑니다